Silke Vry

Das AUGEN- VERWIRR- BUCH

Verrückte Künstlertricks

Prestel Verlag
München · London · New York

INHALT

Augen auf, Hirn an!

Hier geht es verwirrend zu, beim großen Sammelsurium der Verwirrungen. Mehr als um Verwirrungen der Augen geht es hier allerdings um die Verwirrungen des Hirns. Denn deine Augen haben zwar schon viel gesehen, aber nachdenken oder verwirrt sein können sie nicht! Deine Augen sind Organe, die die Bilder um dich herum aufzeichnen und an dein Gehirn weiterleiten.

Aber wie können Bilder Verwirrung stiften?

Klar ist, an den Augen liegt es nicht. Augen sind so etwas wie „Hardware". Um aber verwirrt und erschreckt zu sein, um zu denken, zu lernen, zu empfinden und zu reagieren, braucht es etwas anderes, nämlich eine „Software": unser Gehirn. Hier wird alles ausgewertet, was die Sinnesorgane – nicht nur die Augen – weiterleiten, solche Dinge wie: 1. Suppe heiß, 2. Musik laut, 3. Mann schwebt. Erst das Gehirn sorgt dafür, dass Befehle an den Körper erteilt werden wie beispielsweise: 1. Pusten! 2. Musik leiser drehen! 3. Verwirrt sein!

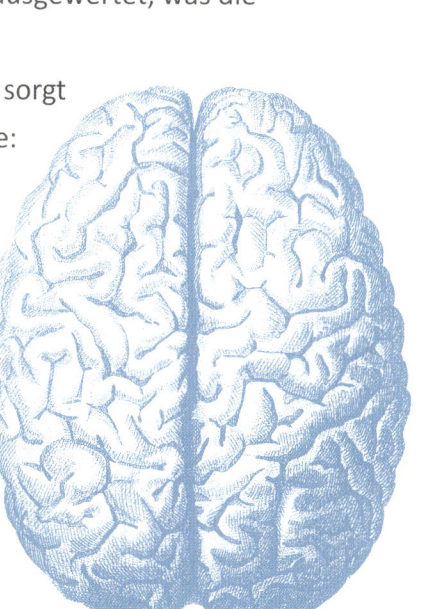

Das Gehirn ist nicht für das Sehen, sondern für die Wahrnehmung zuständig. Sehen kann man vieles, aber es wirklich „wahrnehmen" ist noch einmal etwas anderes. Erst das Gehirn bewertet das, was die Augen ihm an Bildern liefern. Könnte das Gehirn sprechen und könnten Augen hören, dann würde das Gehirn ihnen bestimmt häufig zurufen: „Hallo? Augen? Warum seid ihr immer so unzuverlässig?" Meistens gibt es ihnen dann den Befehl: „Seht noch mal hin, diesmal aber genauer!"

Verwirrung pur:
Wie kann das Hirn diese Bilder erklären?
Wie wäre es mit Hinschauen, ...

Das Gehirn muss all das erklären und auf das reagieren, was an Eindrücken bei ihm abgeliefert wird. Es ist ununterbrochen tätig, so muss es sich beispielsweise überlegen, was gegen heiße Suppe und zu laute Musik zu tun sei. Auch die Augen liefern ihm jede Sekunde zahllose Eindrücke, Millionen von Bildern. Die gilt es „auszumisten". Viele dieser Bilder sind für das Hirn ganz uninteressant, weil es sie so genau zu kennen glaubt, und es reagiert einfach nicht auf sie. So kann es passieren, dass die Augen etwas sehen, dessen Annahme das Hirn einfach verweigert. In einem solchen Moment würde es den Augen wahrscheinlich zurufen: „Ich kann mich doch nicht um ALLES kümmern! Grauer Himmel? Regentropfen? Straßenpflaster? Solche Bilder liefert ihr doch täglich ..." Und es speichert sie in dem Ordner „Bekannt, alltäglich, nicht so wichtig" ab.

So richtig alarmiert ist es dann, wenn Bilder bei ihm eintreffen, die es sich beim besten Willen nicht erklären kann, wie beispielsweise schwebende Menschen, riesige Spinnen oder winzige Pferde ... Kein Gehirn wird die Bilder der nächsten Seiten einfach ignorieren. Wie denn auch? Schließlich ist jeder, der ein Buch mit dem Titel „Augen-Verwirr-Buch" öffnet, auf Haar- und Hirnsträubendes vorbereitet. **Meist stiften solche Bilder nicht nur Verwirrung, sondern sorgen vor allem für Unterhaltung und laden zu einem Gedankenspiel ein: Was wäre, wenn?**

In diesem Buch geht es um Illusionen, um Sinnestäuschungen, um Bilder, die wir sehen, obwohl sie so, wie unsere Augen sie uns melden, oft gar nicht vorhanden sind.

Das macht schon deshalb Spaß, weil es oft unerwartet geschieht. Allerdings sind wir bzw. unser Gehirn auf Unerwartetes nicht besonders gut vorbereitet. Unser Gehirn sucht sich immer Vertrautes und Bekanntes, mit dessen Hilfe es sich erklären kann, was die Augen ihm melden. Auf den nächsten Seiten geht es nicht nur um das „Haha!", sondern auch um das „Warum?": Warum sind wir verwirrt und überrascht? Was macht das Gehirn aus dem, was die Augen sehen? Augen und Hirn sind ein tolles Team und zu unglaublichen Leistungen fähig. Sie können mithilfe von optischen Täuschungen nicht nur für Verblüffung sorgen, sondern andere unglaubliche Dinge: manche Krankheiten lindern, die Vergangenheit lebendig machen, zum Kauf bestimmter Dinge verführen und vieles andere mehr.

Dieses Buch soll verwirren. Es ist ein Spaziergang durch eine andere Welt, durch eine Welt der kleinen Leute, der zersprungenen Wirklichkeit, der schwebenden Männer und Frauen, der Riesenspinnen, Endlostreppen und vieler anderer Rätsel mehr.

Einerseits soll es lehren, die Augen offen zu halten, andererseits zeigen, welch großen Anteil das Gehirn am Sehen hat. Und – nicht zu vergessen – es soll auch dazu dienen, selbst für Verwirrung zu sorgen.

**In diesem Sinne:
viel Verwirrungs-Spaß!**

und Nachdenken ?

Das lässt ja tief blicken ...

Wo gerade noch ein stabiler Weg durch die Landschaft führte, befindet sich plötzlich eine eisblaue Gletscherspalte. Wer zu nah an ihren abbröckelnden Rand tritt, der droht rücklings in die Tiefe ihres unendlichen Abgrundes zu stürzen. Dass gerade ein Mädchen darüber schwebt, scheint die anderen Passanten weder zu interessieren noch zu beunruhigen. **Was ist hier bloß los?**

Was sehen die Augen, was sagt das Gehirn?
Augen: blaue Linien, Straße, Menschen
Gehirn: Das Gehirn erkennt in den stürzenden blauen Linien das Bild eines tiefen Abgrundes, es gibt deshalb dem Körper den Befehl: Vorsicht, Abstand vom Abgrund halten! Doch dann – je mehr Bilder ihm die Augen liefern – wird ihm klar: keine Gefahr, alles nur gemalt. Weitergehen erlaubt!

Sieh dir die spannende und überraschende Entstehung des Gletscherspaltengemäldes und anderer Projekte des Künstlers Edgar Müller im Internet an: www.metanamorph.com

Ein Blick unter die Oberfläche, selbst dann, wenn diese weder geöffnet noch durchsichtig ist? Mit einem kleinen Trick wird's möglich, wie hier am Beispiel dieser Stiftedose (Abb. 1). Du benötigst dafür ein Foto in der Größe der Oberfläche, die du bekleben möchtest, sowie Klarsichtfolie. Wähle als Fotomotiv etwas, das du zuvor in die Dose bzw. in den Gegenstand getan hast, sodass man das Behältnis noch gut erkennen kann. Schneide das fertige Foto zurecht (Abb. 2) und klebe es mithilfe der Klebefolie auf (Abb. 3). Statt des echten Inhalts – wie hier – kannst du auch etwas ganz Überraschendes als Fotovorlage wählen, wie wäre es mit einer Portion Spaghetti?

1. „KLICK"
Foto machen

2. Klebefolie auf Foto

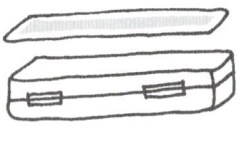
3. Folie mit Foto aufkleben

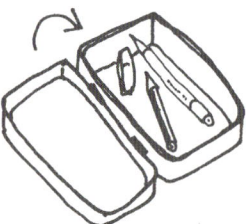

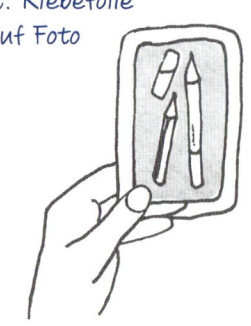

Diese Gletscherspalte ist ganz ungefährlich, man kann nicht darin abstürzen und braucht sich zum Durchwandern auch nicht warm anzuziehen.

HIER LÖSEN SICH MAUERN IN LUFT AUF ...

Schützendes Mauerwerk hält Gefahren und Unwetter fern. Das wussten schon die „alten Römer" vor 2000 Jahren. Um sich im Innern ihrer Häuser nicht eingeengt zu fühlen, sondern den Ausblick in die Umgebung zu genießen, benötigten sie nicht viel: Es reichten Pinsel, Farben und Fantasie! Damit lösten sie die Wände um sich herum ganz einfach in Luft auf. Nicht wirklich, aber optisch.

Was sehen die Augen, was sagt das Gehirn?
Augen: Farben und Formen
Gehirn: Das Gehirn erkennt auf den ersten Blick der Augen, dass diese Bilder Malereien sind. Es ist nicht wirklich verwirrt, wenn auch bestimmt überrascht, sobald es weiß, wie alt sie sind. Genießen kann es den Anblick – egal ob Anblick oder Ausblick, ob echt oder gemalt – in jedem Fall.

Interessant: Streng genommen ist jedes Bild eine Täuschung, gibt es doch vor, etwas zu sein, was es nicht ist: Das Bild eines Hauses ist kein Haus, sondern „nur" das Bild eines Hauses. Wir heute sind ganz schön „bilderverwöhnt": Bilder, Fotos, Filme gehören zu unserem Alltag. Ein einfaches Bild an der Wand werden wir nie und nimmer für den Blick durch eine Mauer halten!

Willst du die Decke in deinem Zimmer „abheben"?
Also den Eindruck erwecken, als sei dein Zimmer höher, als es tatsächlich ist? Dann nutze einen einfachen Trick: Male sie hellblau an. Wie kommt's? Blau, die Farbe des unendlich weiten Himmels, erscheint uns weiter entfernt als andere Farben, weil wir mit Blau immer „Himmel" und „Unendlichkeit" in Verbindung bringen. Einfaches Mittel, große Wirkung!

Trotz einer Wand direkt vor der Nase den Ausblick auf die prachtvollen Nachbarhäuser genießen?
Dieses Bild macht's möglich!

„Bitte nicht bewegen", möchte man dem riesigen Fisch zurufen und hoffen, dass er sich daran hält. Nicht auszudenken, was sonst passieren würde ...

Ferien auf Irr-land?

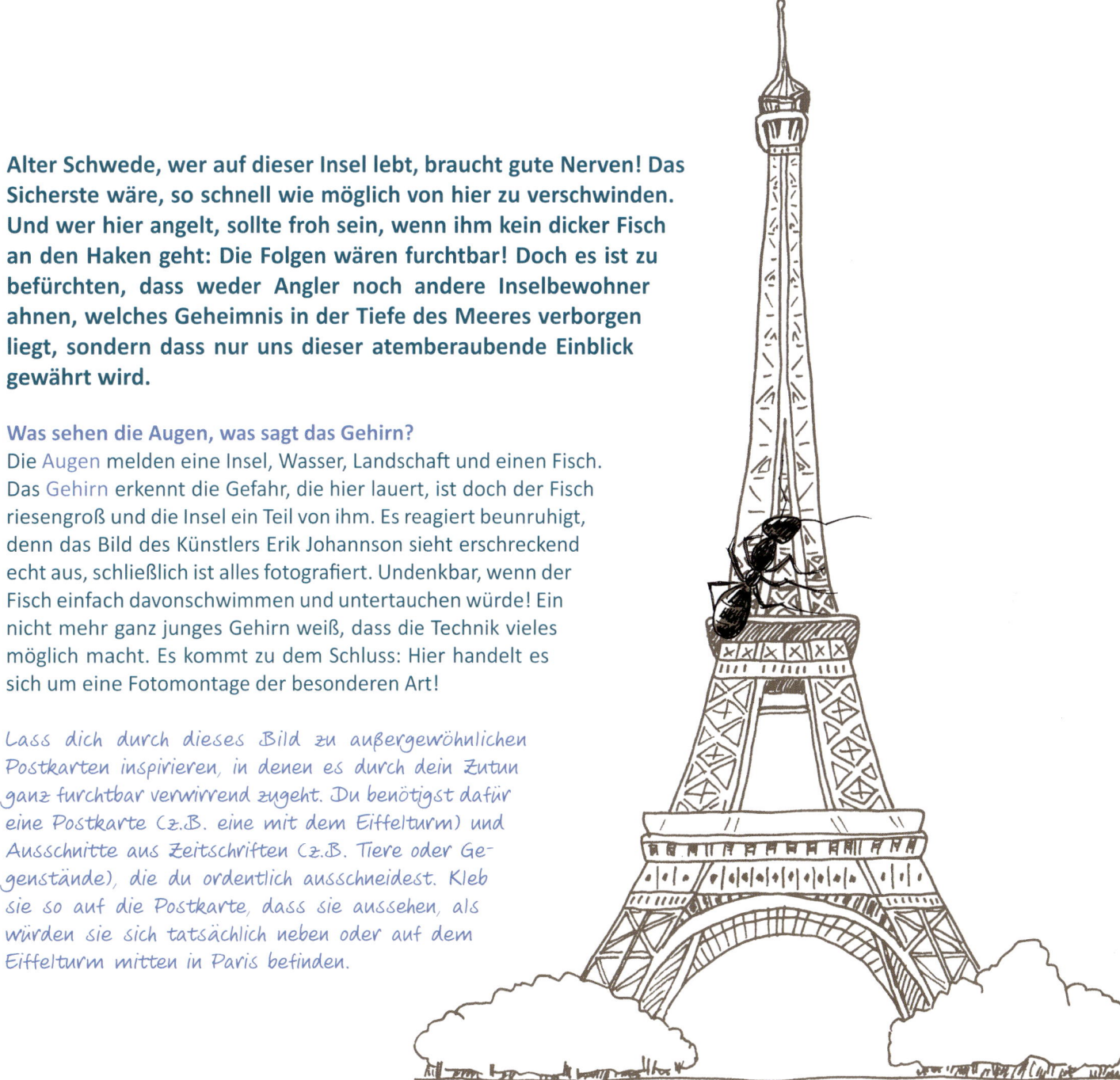

Alter Schwede, wer auf dieser Insel lebt, braucht gute Nerven! Das Sicherste wäre, so schnell wie möglich von hier zu verschwinden. Und wer hier angelt, sollte froh sein, wenn ihm kein dicker Fisch an den Haken geht: Die Folgen wären furchtbar! Doch es ist zu befürchten, dass weder Angler noch andere Inselbewohner ahnen, welches Geheimnis in der Tiefe des Meeres verborgen liegt, sondern dass nur uns dieser atemberaubende Einblick gewährt wird.

Was sehen die Augen, was sagt das Gehirn?
Die Augen melden eine Insel, Wasser, Landschaft und einen Fisch. Das Gehirn erkennt die Gefahr, die hier lauert, ist doch der Fisch riesengroß und die Insel ein Teil von ihm. Es reagiert beunruhigt, denn das Bild des Künstlers Erik Johannson sieht erschreckend echt aus, schließlich ist alles fotografiert. Undenkbar, wenn der Fisch einfach davonschwimmen und untertauchen würde! Ein nicht mehr ganz junges Gehirn weiß, dass die Technik vieles möglich macht. Es kommt zu dem Schluss: Hier handelt es sich um eine Fotomontage der besonderen Art!

Lass dich durch dieses Bild zu außergewöhnlichen Postkarten inspirieren, in denen es durch dein Zutun ganz furchtbar verwirrend zugeht. Du benötigst dafür eine Postkarte (z.B. eine mit dem Eiffelturm) und Ausschnitte aus Zeitschriften (z.B. Tiere oder Gegenstände), die du ordentlich ausschneidest. Kleb sie so auf die Postkarte, dass sie aussehen, als würden sie sich tatsächlich neben oder auf dem Eiffelturm mitten in Paris befinden.

Kunst macht müde Mauern munter

Hässliche Wände, einfallslose Fassaden, trennende Mauern? Schluss damit! Wenn „Streetart"*-Künstler – wie hier die Gruppe Skurktur aus Norwegen – auf Öde treffen, ist es mit der Langeweile schnell vorbei. Ihr Motto nämlich lautet: Die Welt ist unsere Leinwand! Gemalt, geklebt, gesprayt wird überall dort, wo Platz ist: draußen, auf der Straße, also dort, wo die Menschen sind. Um diese Kunst zu sehen, muss niemand ins Museum gehen. Das hat etwas ganz Besonderes zur Folge, etwas, das kaum eine Kunst von sich behaupten kann: Die Bilder treffen die Menschen überall und unvorbereitet – die beste Gelegenheit, um mit ihren Botschaften in deren Gehirnen für Verwirrung zu sorgen, sie zum Lächeln oder – noch besser – zum Nachdenken zu bringen.

Was sehen die Augen, was sagt das Gehirn?

Augen: Die Augen sehen eine Wand, darauf einen Mann mit Schirm und ein jubelndes Kind.

Gehirn: Das Gehirn ist erfreut über die Farben an der Wand, die ein lustiges Bild ergeben und die es dazu veranlassen, den Mund zu einem Lächeln zu verziehen. Es deutet die vielen Farbspuren als bunten Farbenregen. Wer da nicht fröhlich mitjubelt, muss ein echter Griesgram sein ...

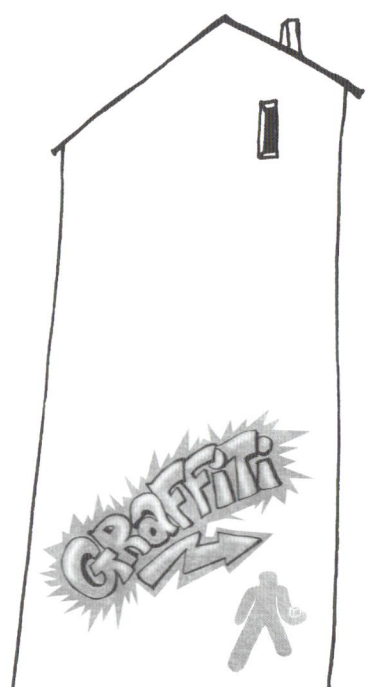

Werde Streetartist! Mithilfe verwirrender Botschaften mit seinen Mitmenschen in Kontakt treten und ihnen ein Lächeln ins Gesicht zaubern, ist eine dankenswerte Aufgabe (und muss nicht als Sachbeschädigung enden). Auch du kannst das. Sieh hier: Ein Abreißzettel mit lauter Dingen, die man mit Geld nicht kaufen kann, die aber jeder gerne hätte – fällt dir noch mehr ein? Hängst du deinen Zettel z.B. an einen Baum vor deinem Haus oder deiner Schule, so kannst du beobachten, wie er sich verändert, durch stetes Abreißen kleiner wird. Du erfährst etwas über deine Mitmenschen: Was fehlt ihnen am meisten? Vielleicht hinterlässt sogar jemand eine Botschaft an dich darauf.

* engl. für Straßenkunst

Streetartists, ans Werk, die Welt ist eure Leinwand! Wären doch mehr triste Wände mit solchen Bildern verziert, um den Vorübergehenden ein kleines Lächeln ins Gesicht zu zaubern ...

Hier sind „Betrügerchen"* am Werk

Maler sind „Lügner" und „Betrüger", schließlich wollen sie uns an der Nase herumführen, uns etwas „einreden", was gar nicht da ist. Möglichst so überzeugend, dass wir vergessen, dass sie überhaupt etwas mit dem betreffenden Werk zu tun haben. Einem der größten „Schlitzohren" samt einer seiner Betrügereien begegnen wir hier: Samuel van Hoogstraten.

Was sehen die Augen, was sagt das Gehirn?
Augen: viele altmodische Dinge
Gehirn: Es glaubt, was die Augen sehen, und hält das Bild für eine altmodische Pinnwand. Klarer Beweis sind die Schatten, denn was Schatten wirft, ist schließlich echt. Echt? Möglicherweise befiehlt das Gehirn den Fingern: drüberfahren! Mit der Erkenntnis: glatt und platt, also nur gemalt.

Einen Gegenstand echt erscheinen lassen, gewusst wie:
Betrachte diesen Gegenstand aus dem Gemälde rechts. Ohne Zweifel besitzt er einen „zylindrischen" Körper (Abb. 1).

1. Willst du einen solchen Körper überzeugend so zeichnen, dass er plastisch und dreidimensional („3D") erscheint, so stell dir vor, er besäße auf seiner Oberfläche senkrechte Linien in immer gleichem Abstand.

2. Jetzt zeichne den Zylinder samt seiner Linien ab, beachte: Zu den Rändern hin rücken die Linien immer enger zusammen, dadurch entsteht der echt aussehende Effekt (Abb. 2).

*Die Art der Malerei, um die es hier geht, nennt man seit Jahrhunderten „Trompe-l'Œil", auf Deutsch „Täusch das Auge". Aufmerksame Vorwortleser wissen: „Täusch das Hirn" wäre passender. In Holland verwendete man im 17. Jahrhundert den Ausdruck „Bedriegertje", also „Betrügerchen".

Abb. 1

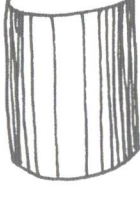

Abb. 2

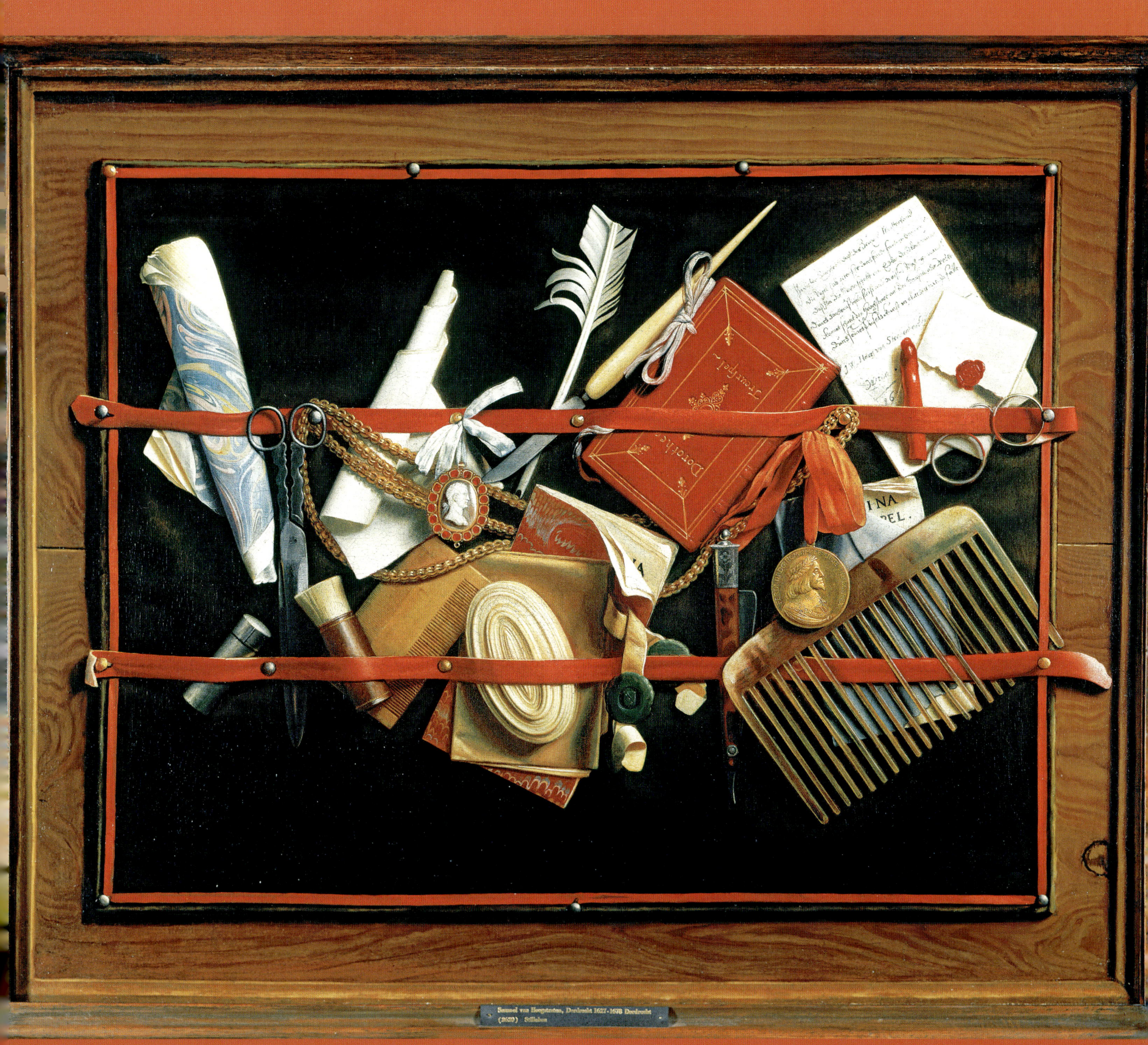

Was hier gezeigt wird, geht ganz sicher nicht verloren: ob Holzrahmen, Lederriemen, Läusekamm – alles „nur" gemalt und auf ewig fest vereint.

Ich glaub, ich spinne!

Oh nein, was ist das? Auf dem Dach des Fabrikgebäudes krabbeln zwei riesige Spinnen*, deren kugelförmige Körper und deren lange, dürre Beine kalte Schatten werfen. Nur wer von der „Weltraumnadel"** aus rund 160 Metern Höhe auf sie hinunterblickt, wird sie entdecken.

Was sehen die Augen, was sagt das Gehirn?

Augen: zwei Wesen mit langen Beinen

Das Gehirn erkennt in den langbeinigen Tieren Spinnentiere, überraschend ist hier ihre unglaubliche Größe. Es ahnt, dass es sich um Malereien handeln muss, fragt sich aber, wie die wohl entstanden sein mögen. Es freut sich sicher über diesen spannenden 2-Minuten-Film, der seine Neugier stillt, denn er zeigt den Maler Marlin Peterson bei der Arbeit und zusammen mit den 500-fach vergrößerten Tieren:
www.marlinpeterson.com/2-minute-video-of-the-whole-mural/

Bestimmt ist dir aufgefallen, dass die Tiere vor allem wegen ihrer Schatten so überzeugend echt wirken. Tatsächlich lässt sich mit allem, was Schatten wirft, ganz wunderbar täuschen und verwirren. Kopiere diese Vorlage, schneide sie aus und klebe sie an eine Zimmerwand in möglichst großer Höhe. Achte dabei darauf, dass der Schatten „logisch" erscheint, also sich tatsächlich dort befindet, wo er aufgrund der Lichtquelle im Raum sein würde, wenn die Spinne echt wäre.

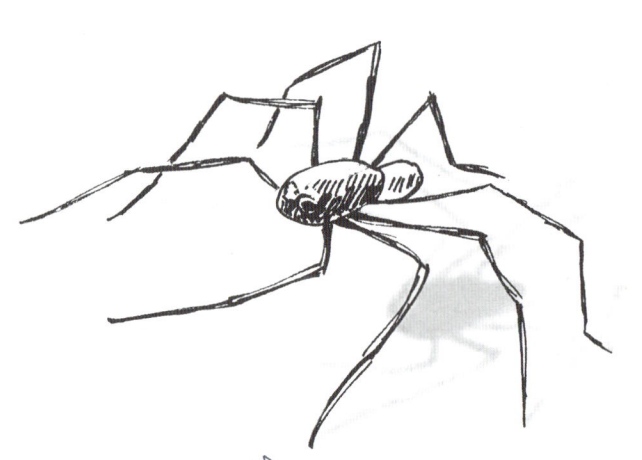

* nein, es sind genau genommen „Spinnentiere"
** die „Space Needle", ein Aussichtsturm in Seattle, USA

Wer hätte das geahnt: Auf dem Dach des Fabrikgebäudes sonnen sich zwei Riesenspinnen, nur durch Zufall entdeckt sie, wer vom Aussichtsturm nach unten sieht.

Jahrhundertelang im Museum hängen? Nichts für diesen Jungen, der lieber die Flucht ergreift, als sich zu langweilen.

Nix wie weg!

Stell dir vor, die Bilder in den Museen würden zum Leben erwachen, und die Porträtierten, die auf ihnen gemalten Menschen, würden einfach die Flucht ergreifen, um den kritischen Blicken der Museumsbesucher zu entfliehen. Undenkbar? Nein, auch nicht unmalbar!

Was sehen die Augen, was sagt das Gehirn?
Die Augen melden: Ein Junge steigt aus einem Rahmen.
Das Gehirn deutet den goldenen Rahmen als Bilderrahmen, es schlussfolgert: Der Junge ist das Objekt des Gemäldes, als gemalte Figur also eigentlich ganz platt und zweidimensional. Es wundert sich, denn wie kann eine solche Figur so echt wirken? Erst nach einer Weile kommt es dem Trick des Künstlers Pere Borrell del Caso auf die Schliche: Der goldene Rahmen ist nicht echt (wie zunächst vermutet), sondern gemalt – genauso wie die Schatten der Hand und des Fußes.

Auch du kannst ein Porträt erschaffen, das garantiert für Verwirrung sorgt. Du brauchst dafür eine Fotokamera, einen großen Bilderrahmen und eine Gruppe von Menschen (z.B. Uropa, Oma, Papa, Schwester...). Fotografiere jede Person mit dem Bilderrahmen in der Hand. Drucke alle Fotos aus, verkleinere nun das zweite Bild so, dass es in den Bilderrahmen des ersten Bildes passt, das dritte so, dass es in den des zweiten passt usw. Klebe nun das zweite Bild auf das erste, das dritte auf das zweite usw.

Un**möglich**!? – **Un**malbar?

Welch seltsames Gebäude und was für seltsame Menschen, die – ohne scheinbar jemals anzuhalten – nach oben bzw. nach unten laufen. Das Erstaunliche an ihrem verwirrenden Tun: Nach einer Treppenrunde landen sie wieder genau dort, wo sie ihren Lauf begonnen haben!

Was sehen die Augen, was sagt das Gehirn?
Augen: Männer laufen auf einer Treppe treppauf, andere laufen treppab, ohne Ende.
Gehirn: Fast möchte das Hirn glauben, was es sieht, so überzeugend ist das Bild von M.C. Escher, das die Augen ihm liefern. Aber je länger es darüber nachdenkt, umso eindeutiger ist das Resultat seiner Überlegungen: **Unmöglich!** Doch es hört nicht auf zu grübeln, den Fehler aber kann es nicht entdecken, so oft es auch die Augen damit beauftragt, noch einmal genauer hinzusehen.

Versuch einmal nachzubauen, was rechts im Bild so überzeugend echt aussieht. Du brauchst dafür 16 Legotürme oder Klötze (entsprechend der Zahl der Treppenstufen hier rechts, jeweils einer höher als der andere). Mach es wie hier zu sehen. Gelingt dir eine unendliche Treppe?

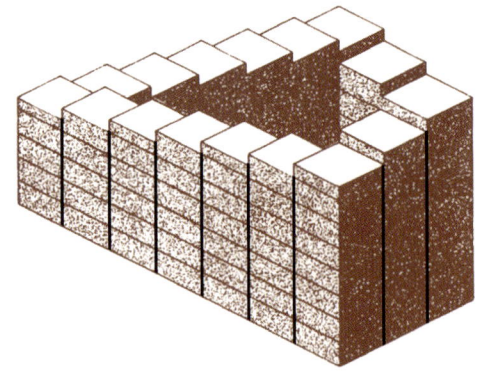

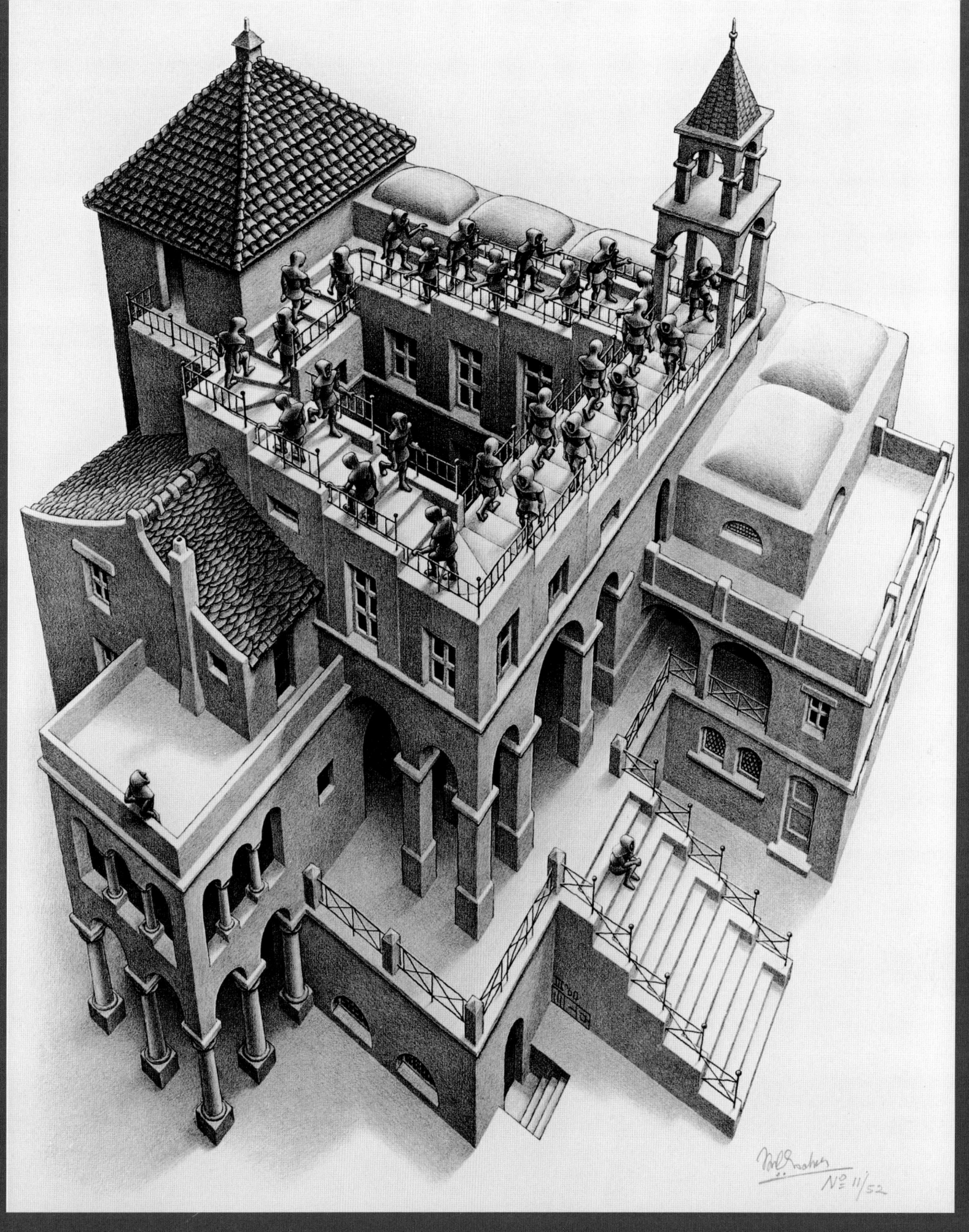

Papier ist geduldig und fast möchte man glauben, was man sieht, doch was hat es mit dieser rätselhaften Treppe tatsächlich auf sich?

Wer wird denn gleich in die Luft gehen?

Wer würde das nicht gerne: einfach abheben, um dann, einige Meter über dem Erdboden, im Schwebezustand zu verharren. Zur Lieblingsbeschäftigung dieses Mannes gehört es, sich in luftiger Höhe lässig an eine Wand zu lehnen, wo auch immer er sich gerade aufhält, mitten in einer Stadt, in einem Museum oder einem Vortragssaal.

Was sehen die Augen, was sagt das Gehirn? Augen: Ein Mann lehnt, weit über dem Erdboden, an der Wand. Das Gehirn weiß aus Erfahrung, dass es die Erdanziehung gibt, dass hier also etwas nicht stimmen kann. Trotzdem gelingt es ihm nicht, diesen Anblick zu erklären, so oft es die Augen auch zum erneuten Beobachten schickt. Die Lösung kann es nicht sehen, aber mit ein wenig Fantasie erahnen: nämlich die Metallkonstruktion unter der Kleidung des schwebenden Künstlers Johan Lorbeer.

Ein schwebender „Würfel" direkt vor deinen Augen: Kopiere die Bastelanleitung, schneide und klebe sie wie abgebildet den halben Würfel (Abb. 1) und seine Halterung (Abb. 2). Beachte: Der „Würfel" muss sich nach innen wölben! Klebe die Halterung an den Würfel (Abb. 3) und die Halterung an deinen Zeigefinger oder eine Postkarte etc. Betrachte das Gebilde mit nur einem Auge, während du den Kopf bewegst: Der Würfel scheint zu schweben.

Abb. 1

Abb. 2

Abb. 3

///// Kleber

------- Knick

Auf ähnliche Weise wie hier kannst auch du andere „in die Luft gehen" lassen. Du benötigst dafür eine Kamera, dunkle Kreide und einen Freund. Wähle für das Foto einen bewölkten Tag, damit dein Freund möglichst keinen Schatten wirft. Den nämlich zeichnest du mit der Kreide und in einiger Entfernung von ihm auf die Straße. Das Ergebnis: Er scheint zu schweben.

Telefoniert wird überall! Ob dieser Mann eine Pizza bestellt? Oder ob er seiner Freundin gerade erklärt, dass er sich zur heutigen Verabredung verspäten wird?

Abgetaucht!

Auch wenn die Menschen auf dem Foto rechts unten nicht schwimmen, sondern plaudernd auf dem Grund eines Swimmingpools stehen, scheint dies nicht der Anfängerkurs im Nichtschwimmerbecken zu sein. Was aber ist hier los?

Was sehen die Augen, was sagt das Gehirn?
Augen: Menschen unter Wasser, angezogen, keine Schwimmbewegungen!
Gehirn: Unter Wasser kann es kein Mensch – ohne spezielle Ausrüstung – länger als wenige Minuten aushalten. Außerdem weiß es, dass sich Menschen vor einem Schwimmbadbesuch ausziehen und niemals auf dem Grund des Beckens stehend entspannte Gespräche führen. Das Gehirn wird dem Körper den Befehl geben: in Bewegung setzen! Und die Augen beauftragen: nachsehen, was hier los ist!

Hier lässt es sich tatsächlich entspannt miteinander plaudern: Unter der dünnen „Wasseroberfläche" befindet sich ein begehbarer Raum, von Wasser keine Spur. Dieser Swimmingpool ist ein Kunstobjekt in einem Museum. Wer sich in sein Inneres begibt, erlebt das, was Kunst im Idealfall bewirken kann: die Welt einmal aus einem anderen Blickwinkel als sonst betrachten.

Wie verwirrend, einmal etwas, das man „oben" und „außen" erwartet, unter die Oberfläche zu verlegen, sodass dieses Etwas direkt vor Augen bleibt, gleichzeitig aber schwer erreichbar wird. Probier es aus und mach es wie hier: In diese „Götterspeise" ist der Servierlöffel abgetaucht. Vertrackt: Will man an den Löffel gelangen, muss man die Götterspeise weglöffeln, will man die Götterspeise weglöffeln, benötigt man den Löffel!

Für ein ähnlich verwirrendes Dessert: Götterspeise kochen (Kochanleitung auf der Packung), in Glasschüssel füllen und vor dem Erkalten einen hitzebeständigen Löffel reinschmeißen, aber keinen aus Silber.

Dieses Schwimmbecken, kreiert von Leandro Erlich, befindet sich in einem Museum und ist nicht zum Schwimmen da. Es ist noch nicht einmal mit Wasser gefüllt. Statt darin zu schwimmen, können seine Besucher vom Grund des Beckens die Welt aus einem völlig neuen Blickwinkel betrachten und von anderen erstaunt beäugt werden.

Manchmal gibt es ganz Ungeheures zu entdecken, wenn man einmal genau hinsieht und seinen Blick für ungewöhnliche Ansichten schärft ...

Süßes gefährdet die Gesundheit!

Ja, das weiß jedes Kind, aber so? Wie kann ein Lolli ein Auto zerstören?

Was sehen die Augen, was sagt das Gehirn?
Augen: Genau dieses seltsame Bild melden die Augen dem Hirn.
Gehirn: Hier stimmt was nicht, sagt das Gehirn! Und die Lösung findet es schnell. Die Gegenstände sind ihm bekannt und den Menschen entlarvt es als Modellfigur. Neu und verwirrend: Durch die Kombination von winzigen Figuren mit normal großen Gegenständen, hier in Szene gesetzt von Slinkachu, erhalten diese eine ganz andere Bedeutung, ein Schnürsenkel wird zum Ungeheuer, ein Kronkorken zum Floß (siehe Seite 2/3) und ein Lolli zur lebensgefährlichen Bedrohung.

... wie leicht werden doch gerade die Kleinsten übersehen!

Fotografier deine Spielfiguren auf eine besondere Art, nämlich so, dass sie lebensecht und lebensgroß wirken. Beachte diese Regeln:

1. Such eine passende Umgebung, möglichst im Freien, z.B. einen kleinen Erdhügel.

2. Begib dich mit der Kamera auf Augenhöhe der Figuren.

3. Stell die Kamera auf die Figuren scharf.

4. Lass die Figuren in der Umgebung etwas TUN, das erweckt den Eindruck, als seien sie echt und würden ihre Umgebung wirklich SEHEN.

Groß oder klein?
Traum oder Wirklichkeit?

Selbst dann, wenn ein Bild „nur" gemalt ist, ist es in der Lage, gewaltig für Verwirrung zu sorgen. Wie dieses Kunstwerk, gemalt von einem der größten Verwirrungskünstler der Vergangenheit ...

Was sehen die Augen, was sagt das Gehirn?
Die Augen melden dem Hirn das Bild ganz bekannter Gegenstände wie Bett, Glas, Kamm. Trotzdem ist das Gehirn total verwirrt. Ist das Bett winzig oder der Kamm riesig? Und wie steht es mit dem Glas, der Seife, dem Rasierpinsel und dem Streichholz? Lösen kann das beunruhigte Gehirn diese Frage nicht, denn das Bild ist der Fantasie des Malers René Magritte entsprungen.

Verrückte Proportionen

Ein winziges Pferd frisst aus der Hand eines Jungen. Wer glaubt das, was er hier sieht? Beim zweiten Blick wird klar: Das Pferd ist weit entfernt, der Junge dichter dran.

Ähnliche Bilder kannst du selber machen. Du brauchst zwei Freunde und eine Fotokamera. Und so geht's: Einer deiner Freunde setzt sich weit entfernt auf den Boden (am besten draußen). Der andere stellt sich nicht weit entfernt von dir auf und hält eine seiner Hände so, als würde jemand darauf sitzen. Sag ihm, er soll seine Hand anlächeln, das wirkt dann später echter und so, als würde er sich über den Zwerg auf seiner Hand freuen. Du dirigierst den vor dir stehenden Freund so, dass der andere wie auf seiner Hand sitzend erscheint, und fotografierst die Szene.

So viel ist sicher: In diesem Zimmer geht es nicht mit rechten Dingen zu. Die Frage ist nur: „Was stimmt hier nicht?"

Wer auch immer aus diesem Pokal trinkt, sollte vorsichtig sein und bloß nicht übersehen, dass auf der Oberfläche seines Getränkes etwas schwimmt.

Wer ist Riese, wer ist Zwerg?

„Du fragest nach den Riesen? Du findest sie nicht mehr." *
Wer angesichts dieses Bildes von Thomas Cole an Riesen denkt, entwirrt ein wenig
die Verwirrung: Der Pokal des Riesen stammt aus einer Märchenwelt, ist nur
gemalt und nicht wirklich.

Was sehen die Augen, was sagt das Gehirn?

Die Augen sehen ein Gefäß mit Wasser, darauf Segelboote, in
einer Landschaft mit Bergen.
Das Gehirn erlebt eine ähnliche Verwirrung wie beim Betrachten
des vorigen Bildes. Da es aber auch hier ohne Probleme erkennt,
dass es sich um ein Gemälde handelt, dass das Gezeigte also
nicht real** ist, lässt es sich beruhigen. Außerdem weiß es,
dass es keine Riesen gibt. Verwirrung bleibt, denn es stellt sich
vor, was passieren würde, wenn immer mehr Wasser aus dem
Gefäß laufen und sich der Wasserspiegel immer weiter senken
würde.

Wer ist hier Riese, wer ist Zwerg?
Die erstaunliche Antwort lautet:
Alle drei Männer sind gleich groß!

* aus: Adelbert von Chamisso, Das Riesenspielzeug (1831)
** real = wirklich, tatsächlich

Vorsicht, Falle!?

Nanu, was ist das für ein seltsamer Raum, in dem ein Mensch nicht auf einem Halt gebenden Fußboden läuft, sondern zu schweben scheint?

Was sehen die Augen, was sagt das Gehirn?
Die Augen melden: schwebender Mensch
Das Gehirn weiß, dass Menschen nicht so ohne Weiteres in der Luft schweben können (vgl. dazu Seite 24/25). Beunruhigung stellt sich nicht ein, da die „Schwebende" ebenfalls ganz gelassen scheint. Nach einigem Grübeln findet das Gehirn die einzige mögliche Lösung: Der weiße Fußboden ist mit schwarzen Linien bemalt, die den Eindruck erwecken, als würde der Raum mehrere Stockwerke in die Tiefe führen.

Mit perspektivischen* Spielereien lässt sich wunderbar das Hirn verwirren, sieh selbst und versuche die Fragen zu beantworten.
Zu Abb. 1: Welche der beiden roten Linien wirkt länger, und warum?

Zu Abb. 2/3: Welche dieser beiden Zeichnungen ist richtig, welche falsch? Wo genau steckt der Fehler? Um die Lösung zu finden: Nimm ein Lineal und dein Gehirn zu Hilfe!

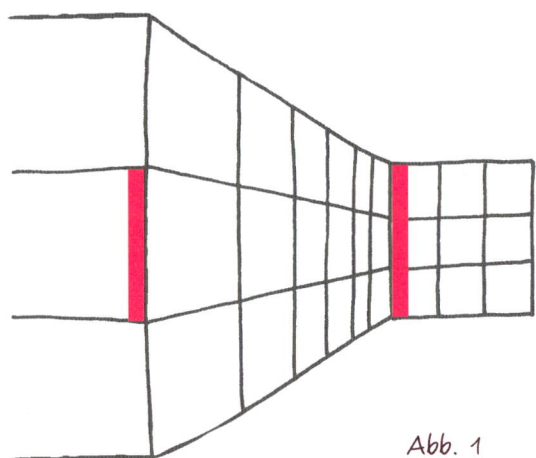

Abb. 1

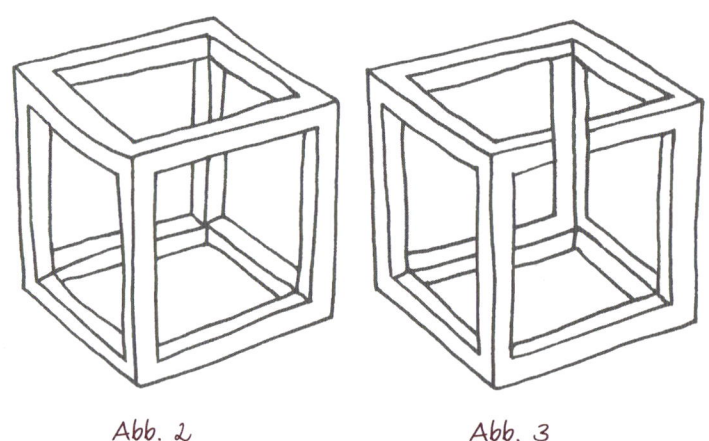

Abb. 2   Abb. 3

*Perspektive, von lat. „hindurchsehen". Eine „perspektivische" Darstellung ermöglicht es, dreidimensionale Objekte auf einer (zweidimensionalen) Fläche abzubilden und sie dreidimensional („3D") erscheinen zu lassen.

Wäre dieser Fußboden einfarbig, so käme unser Gehirn gar nicht auf die Idee, uns einen Streich zu spielen. Doch mit diesem speziellen Muster von Regina Silveira bildet es sich etwas ein, das gar nicht da ist: vier Stockwerke, die in die Tiefe führen – wie verwirrend!

Wo Verzogenes Spaß macht

Was für ein seltsames Gebilde schwebt da rechts mitten im Raum? Kaum auszumachen, worum es sich handelt und woraus es besteht – aus Licht, aus Glas, aus Farbe? Tatsächlich hat es mit diesem Werk von Felice Varini etwas Besonderes auf sich ...

Was sehen die Augen, was sagt das Gehirn?

Die Augen sehen eine riesige rote Fläche, die von vier Kreisen durchlöchert ist.

Das Gehirn versucht, den Gegenstand logisch zu deuten, beispielsweise als Glasscheibe. Es kommt ins Grübeln: Glas? Wird unsicher. Schickt die Augen erneut los. Sobald es ein Bild wie die Abbildung unten rechts erhält, „durchschaut" es das Ganze als verzerrte Malerei. Wäre das Hirn samt Körper vor Ort, so würde es natürlich den Beinen den Befehl geben: loslaufen und mithilfe der Augen weitere Bilder von anderen Standpunkten liefern!

Interessant: Bereits vor 500 Jahren bezeichnete man derartige Bilder als „Wunder der Kunst" oder auch als „Anamorphosen" (von altgriech. „Umformung"): Aus einem bis zur Unkenntlichkeit verzerrten Bild wird beim Betrachten von einem ganz bestimmten Standpunkt aus eine unverzerrte Abbildung.

*Was liest du hier?
Versuch einmal, diese moderne Anamorphose zu entziffern.
Bedenke, dass du zunächst den richtigen Blickwinkel finden musst.*

Rätselhafte orangerote Farbflächen an Wänden und Decke verwandeln sich nach einigen Schritten wie durch Geisterhand zu einem noch viel rätselhafteren Etwas.

Und so funktioniert's: Nur von einem ganz bestimmten Punkt aus betrachtet entzerren sich die verzerrten Farbflächen zu einem einheitlichen Gemälde und ergeben dieses Bild einer orangeroten Platte mit vier kreisrunden Löchern.

Gelingt es dir, eine eigene „Anamorphose" zu schreiben?

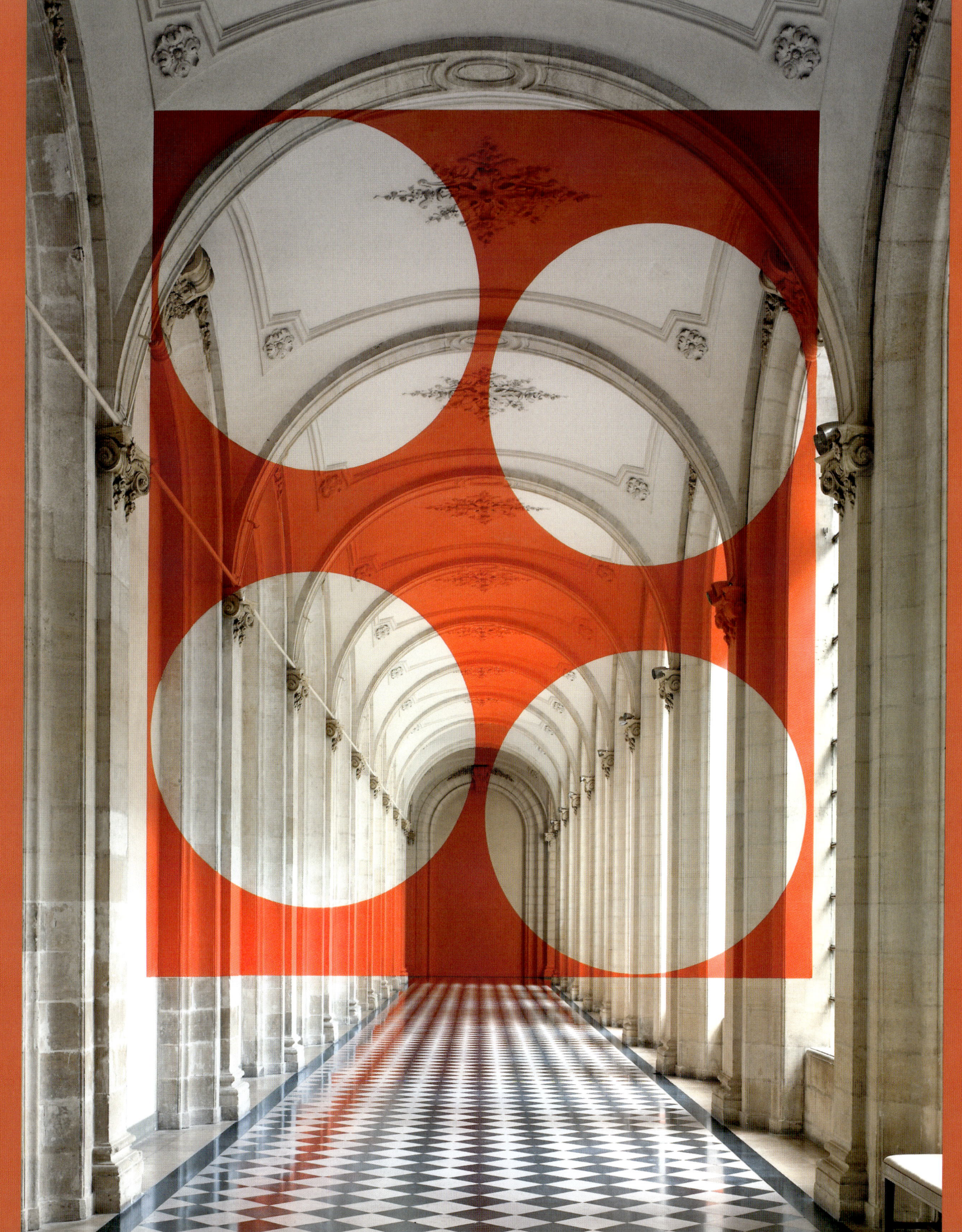

Erst ein Hase und – nach ein paar Schritten – ein Blick in sein Inneres. Des Rätsels Lösung: ein „Riefelbild", dessen Oberfläche nicht eben, sondern gefalzt ist (vgl. Abb. 3) und damit zwei Ansichten statt – wie sonst üblich – nur eine bietet.

„Standpunkt" wechseln für die Kunst

Wer eine Sache unter verschiedenen Aspekten betrachtet, wer beispielsweise in Regen nicht nur etwas Blödes („Ausflug fällt ins Wasser"), sondern auch etwas Erfreuliches („gut für die Pflanzen") sehen kann, ist klug: Er kann seinen „Standpunkt" wechseln, er kann eine Sache von der einen und der anderen Seite betrachten. Genau das kann man manchmal auch in der Kunst, wie bei diesem „Riefelbild" von ROA.

Was sehen die Augen, was sagt das Gehirn?
Die Augen melden ein Gewirr von Strichen.
Das Gehirn erkennt einen Hasen. Mit jedem Schritt verändern sich die Bilder, die die Augen dem Gehirn melden. Sind es zwischendurch verwirrende Bilder, erkennt das Gehirn nach einigen Metern und verändertem Standpunkt ein ganz anderes Bild, das den Hasen nun von innen zeigt. Wow, denkt das Gehirn, ein Bild, das sich verändert, sobald man sich bewegt. Ein cleveres Hirn wird daraus den Schluss ziehen: Standpunktwechsel – gute Sache!

Mach ein „Riefelbild" selbst:

1. Bemale zwei hochformatige DIN-A5-Papiere mit jeweils einem bunten Bild (Abb. 1 und Abb. 2).

2. Zerschneide jedes der Bilder in vier exakt gleich große Streifen von je 3,7cm Breite.

3. Falte nun ein DIN-A4-Papier zu einem „Fächer" mit insgesamt 7 Knicken nach jeweils genau 3,7cm Abstand (Abb. 3).

4. Klebe jetzt die Streifen a-d und 1-4 entsprechend der Zeichnung auf.

Fertig ist dein „Riefelbild".

Abb. 1

Abb. 2

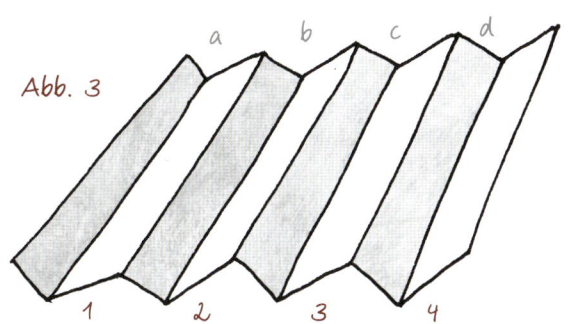

Abb. 3

Hier hat sich in beiden Bildern ein Mann versteckt – kannst du ihn entdecken?

40

In Luft auflösen ...

... und sich den Blicken seiner Mitmenschen entziehen, unbemerkt und ungesehen sein. Liu Bolin, der Mann auf diesen Fotos, bemüht sich eigentlich um genau das, doch erreicht er damit das Gegenteil: Ständig wird er fotografiert und von den Blicken der Menschen in den Fokus genommen. Dieser Mann will unsichtbar sein, um gesehen zu werden!

Was sehen die Augen, was sagt das Gehirn?
Die Augen sehen quietschbunte Gefäße bzw. eine Säule voller Zettel.
Das Gehirn stutzt, denn es erkennt nach einer Weile nicht nur Getränkeflaschen und Zettel, sondern auch einen Mann! Es reagiert nun mit besonderer Aufmerksamkeit: Je unsichtbarer der Mann sich zu machen versucht, umso häufiger bittet es die Augen, weitere Bilder zu melden.

Üblicherweise sind es eher die Tiere, die sich „tarnen" und im Lauf ihrer Entwicklung den Farben und Formen ihrer Umgebung ähnlich geworden sind oder aber etwas vortäuschen, was gar nicht real ist. Fallen dir noch mehr Beispiele ein?

CHAMÄLEON

41

Ein wildes Tier, handzahm ...

... und freundlich blickt uns der Elefant aus seinen kleinen und klugen Augen entgegen. Wer könnte diesem sympathischen Wesen etwas anhaben wollen? Leider gehören Elefanten wie auch Leguane zu den Tieren, deren Existenz stark bedroht ist, und der Mensch selbst ist ihr größter Feind. So viel sei verraten: Auch diese Exemplare besitzen vernichtende Gegner, nämlich Wasser und Seife. Anders als in der Natur kann dieser Dickhäuter allerdings innerhalb weniger Stunden neu erschaffen werden.

Was sehen die Augen, was sagt das Gehirn?
Die Augen melden einen Elefanten, einen Leguan.
Erstaunlich echt aussehend, findet das Gehirn, erkennt aber schnell die Hände, die dem Maler Guido Daniele als „Leinwand" dienen und deren Form ihm sehr bekannt erscheint.

Um aus deinen Fingern die Akteure eines Krimis werden zu lassen, musst du gar nicht perfekt malen können wie ein Bodypainter (Körpermaler). Einige wenige Striche mit einem schwarzen Filzstift reichen aus, sieh selbst und lass dich inspirieren!

Wer seine eigene Haut bemalt, hat nicht nur eine Leinwand, sondern auch einen treuen Freund immer dabei.

Auf der Spielwiese der Kunst

Ein achtlos weggeworfenes Stück Papier, kein seltener
Anblick, doch was hat es mit diesem seltsamen Gebilde auf sich, das dort auf
dem Hügel inmitten der grünen Landschaft liegt? Riesengroß und irreal*. Sind wir gerade
dabei, eine Traumwelt zu betreten? Wenn ein Kunstwerk sich nicht auf einer Leinwand,
sondern mitten in der Natur breitmacht, dann kann das – wie hier – etwas Verwirrendes zur Folge haben.

Was sehen die Augen, was sagt das Gehirn? Die Augen sehen Himmel, Landschaft und Linien. Das Gehirn erkennt in den
Linien die Form eines auf dem Boden liegenden Blatt Papiers in einer völlig anderen als der gewohnten Weise, riesengroß und
ganz so, als sei es gezeichnet. Die vertraute Landschaft erscheint ihm plötzlich verändert: Die Wiese wirkt wie künstlich beleuchtet und
der Himmel wie gemalt. Das weiß das Gehirn: Wer glaubt, einer Illusion** aufzusitzen, der sollte seinen Standpunkt wechseln und das Ganze
von einer anderen Stelle aus betrachten. Befehl an die Beine: losgehen, der Sache auf den Grund gehen!

Ein Foto wie den Ausschnitt eines Comics aussehen lassen? Probier es aus und verändere z.B. ein Familienfoto, indem du deine
Lieblings-Comic-Figur dazugesellst, die Figuren mit Sprechblasen ausstattest oder die Szenerie an einen gezeichneten Ort verlegst.

*irreal = nicht wirklich
**Illusion = Täuschung, Selbsttäuschung

Eine Ansicht wie im Comic: Der Künstler Neil Dawson versetzt uns mit seinen riesigen
Stahlkonstruktionen in eine andere Welt, die aussieht wie gezeichnet.

Wie wirklich ist die Wirklichkeit?

Wirklichkeit

Jeder Mensch nimmt die Welt um sich herum mit seinen Augen wahr – und mit dem ihm eigenen Gehirn, jeder sieht die Welt also anders. Grund genug zu der Frage: Was genau nehmen wir denn überhaupt wahr? Und wer sagt uns, dass das, was wir sehen, die Wirklichkeit ist und nicht ein in unseren Köpfen ablaufender Film? Oder die auf den Flächen unserer Umgebung gezeigten Bilder?

Was sehen die Augen, was sagt das Gehirn?
Die Augen sehen ein Fenster, dessen bemalte Scheibe zerbrochen ist.
Das Gehirn erkennt in der Malerei auf der Scheibe eine genaue Abbildung dessen, was dahinter sichtbar wird, also dessen, was es – wäre die Scheibe nicht zerbrochen – für die Wirklichkeit gehalten hätte. Woher aber weiß es, dass das, was dort jetzt zu sehen ist, die Wirklichkeit ist?

Interessant: Darüber nachzudenken, wie wirklich die Wirklichkeit ist, ist ein unerschöpfliches Thema, über das sich Philosophen seit Jahrtausenden ihre klugen Köpfe zerbrechen. Einer der bekanntesten Erklärungsversuche ist Platons* „Höhlengleichnis", in dem er in einer Höhle lebende, angekettete Menschen beschreibt, die nur in eine Richtung schauen können und dort nichts anderes sehen als ihre Schatten. Diese Schatten halten sie für die „Realität", für die Wirklichkeit.

Eines Tages entkommt ein Gefangener aus der Höhle. Geblendet vom hellen Sonnenlicht, hält er die Gegenstände draußen für nicht echt, für nicht real. Nachdem sich seine Augen an die Helligkeit gewöhnt haben, bemerkt er seinen Irrtum, kehrt in die Höhle zurück, um den anderen davon zu berichten, doch die Menschen dort glauben ihm nicht. Die Schatten, die sie für die Wirklichkeit halten, kann er nun nicht mehr sehen.

* antiker griechischer Philosoph des 5./4. Jhs. v. Chr.

Nicht immer bringen Scherben Glück, hier sorgen sie vielmehr für Verwirrung. Eine Fensterscheibe, die genau mit dem bemalt ist, was dahinter sichtbar wird, lässt manch einen ins Grübeln geraten: „Was ist echt? Was ist gemalt?"

47

Mehr als die Wirklichkeit

Plötzlich wird die Vergangenheit lebendig und längst vergangene Begebenheiten spielen sich genau vor unseren Augen ab, genauer gesagt: vor unserem Smartphone. Wer ein solches besitzt, selbiges mit einer bestimmten Software (der vom Museum of London entwickelten App „Streetmuseum") ausrüstet und über dessen Bildschirm die Welt betrachtet, kann ins Staunen kommen. Er sieht Dinge, die seinem Auge üblicherweise verborgen bleiben.

Was sehen die Augen, was sagt das Gehirn?

Die Augen sehen Menschen in der Stadt.

Das Gehirn erkennt in der altmodischen Kleidung der Menschen, dass es sich um eine alte Aufnahme, um ein historisches Foto, handeln muss. Dass sich genau dieses Bild auf den Bildschirm einblendet, bedeutet offenbar, dass sich diese Szene hier vor Jahren abgespielt hat. Das Hirn unterscheidet zwischen dem, was real ist, und dem, was eingeblendet wird, ganz genau, denn die Unterschiede sind gut zu erkennen. Es fragt sich aber: Wohin wird das einmal führen?

Interessant: „Augmented Reality" heißt das Zauberwort, bei dem mithilfe von computergestützter Technik eine „erweiterte Realität" erschaffen wird: Aufnahmen der Wirklichkeit werden mit Informationen versehen und durch Bilder erweitert, Fotos zeigen Zukunftsvisionen, Grafiken erscheinen dreidimensional.

Interessant: Mit einem einfachen Spiegel, einer Art zweiter Wirklichkeit, können Schmerzen gelindert werden: Häufig klagen Menschen, die einen Arm verloren haben, über unerträgliche Schmerzen in genau diesem Arm (Phantomschmerzen)! Um ihnen zu helfen, müssen diese Patienten Folgendes tun: Sie setzen sich so vor einen Spiegel, dass sie sich darin mit beiden Gliedmaßen sehen (Abb. 1). Die Augen melden nun: beide Arme vorhanden. Das Hirn erinnert sich an dieses Bild, das ihm viel vertrauter ist, es glaubt den Augen und die Schmerzen verschwinden.

Spiegel

Abb. 1

Was für eine gute Idee, Menschen für Vergangenes zu begeistern und Geschichte erlebbar zu machen. Beim Blick durchs Smartphone an bestimmten Stellen Londons erlebt man hautnah, was sich dort in der Vergangenheit abgespielt hat. Ob Schuhputz-Szene ...

... oder dramatische Verhaftung: Plötzlich ist man mittendrin im bewegenden Geschehen!

Hier kommt Bewegung ins Bild

Kunst sollte unterhaltsam sein, sich bewegen und verändern – Kunst sollte neue Räume öffnen, ruhig und gleichzeitig laut sein, sie sollte die Menschen unterhalten und amüsieren und ihnen die Unendlichkeit vor Augen führen. Das forderte man vor rund 60 Jahren von der Kunst und fast über Nacht war die Op-Art geboren (von „Optische Kunst"). Einige der Kunstwerke bewegten sich mithilfe von Batterien tatsächlich, bei anderen schien die Oberfläche in Schwung geraten zu sein, wieder andere Bilder öffnen den Blick in scheinbar unendliche Tiefen oder heben sich dreidimensional vom Untergrund ab.

Was sehen die Augen, was sagt das Gehirn?

Die Augen sehen eine farbig gestaltete Spiralform.

Das Gehirn sieht in dem Bild eine Spirale, die hervorzustehen scheint und deren Oberseite einen schmalen Grat bildet. Es deutet die hellen Bereiche als von der Sonne beschienene Stellen, die dunkleren als im Schatten liegende, deshalb schlussfolgert es, dass es dem Licht zugewandte und vom Licht abgewandte Seiten gibt. So entsteht im Kopf das Bild von einem dreidimensionalen Körper. Seine Vorstellungskraft geht so weit, dass es ahnt, wie es sich anfühlen müsste, würden die Finger darüberfahren. Natürlich muss das Gehirn nicht lange darüber grübeln, erkennt es doch schnell: nur gemalt.

Bring Bewegung ins Bild:

1. Kopiere die Abbildungen A und B und schneide sie aus.

Kleber

Abb. A

Abb. B

2. Gib Klebstoff auf die Klebefläche von Abb. B und klebe Bild A auf Bild B.

3. Rolle nun Abb. A fest auf einen Stift und bewege den Stift samt Papier vor deinen Augen auf und ab.

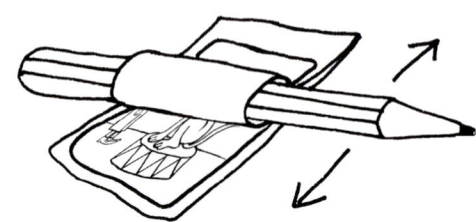

50

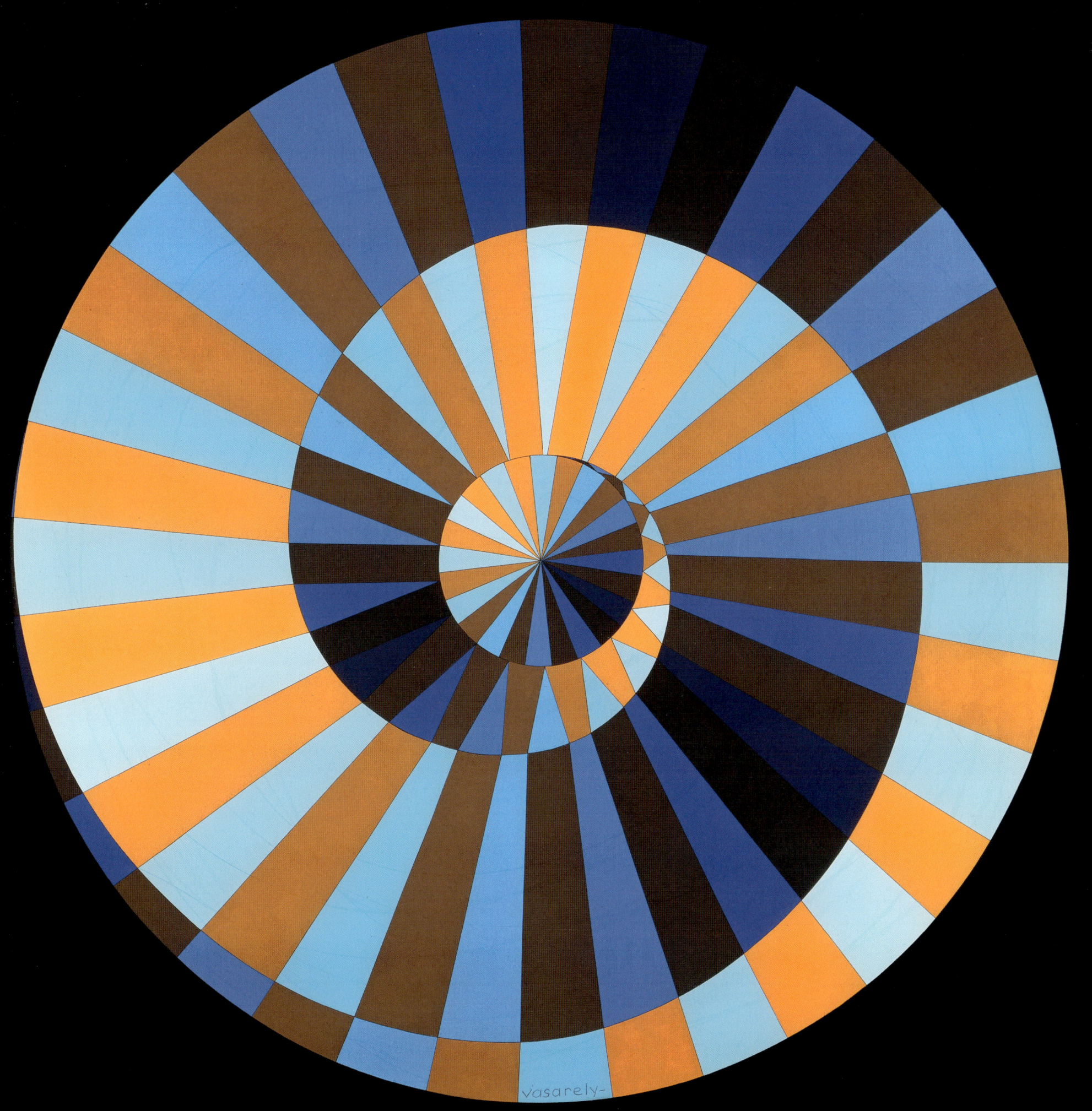

Ein Gemälde des Malers Victor Vasarely, der erstmals richtig Schwung und Bewegung in die Kunst brachte. Nicht zufällig wurde dieses Bild zum Markenzeichen der Olympischen Spiele von 1972.

51

Was braucht man, um eine Leinwand wie die Einfahrt in eine Autowaschanlage aussehen zu lassen? Nichts anderes als schwarze Punkte auf Weiß, entscheidend ist nicht ihre Farbe, sondern ihre Form, von „Kreis" bis „Ei".

... und eine **Leinwand** hebt ab

Was braucht Bridget Riley, um eine platte, glatte Leinwand zum Rotieren zu bringen? Außer Fantasie nicht viel: Schwarz und Weiß!

Was sehen die Augen, was sagt das Gehirn?
Augen: schwarz-weiße Muster
Das **Gehirn** deutet diese Bilder aus Erfahrung so: Kleines ist weiter weg als Großes. Es schlussfolgert: Die sich zur Mitte zu Ovalen „verzerrenden" Kreise befinden sich in größerer Entfernung und in einer schrägeren Ansicht als die kreisrunden Kreise. Daraus ergibt sich ein logisches Bild von zwei zylindrischen Körpern, zwischen denen der Blick in die Tiefe führt. Dass das Ganze auf eine platte Leinwand gemalt ist, vergisst das Gehirn schnell.

Zwischen den schwarzen Linien ist ein Tier versteckt, kannst du es entdecken?

Schwarz-Weiß lässt Staunen:

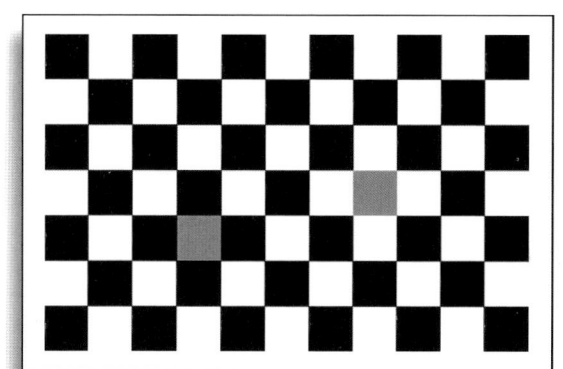

Abb. 1

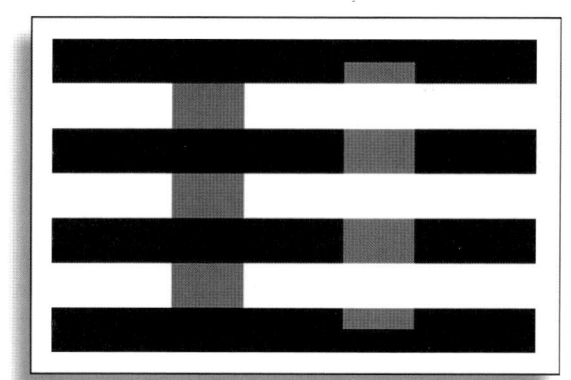

Abb. 2

Kaum zu glauben: Sowohl die beiden grauen Quadrate in Abb. 1 als auch die senkrechten Balken in Abb. 2 haben denselben Grauton! Wir halten das linke Quadrat/den linken Balken für dunkler, denn unsere Augen spielen uns einen Streich:

In Abb. 1 vermischt sich das graue Feld mit den angrenzenden schwarzen Quadraten, wir halten es für dunkler als das rechte.

In Abb. 2 liegt der graue Balken auf weißem Untergrund, unser Hirn empfindet das Grau als dunkel im Vergleich zum Weiß darunter, während der rechte Balken - im Vergleich zum schwarzen Grund - relativ hell erscheint.

Der gefrorene Moment

Ein Foto ist nichts anderes als ein im Bild „festgehaltener" Moment.

Gerade noch hetzte ein Läufer vorbei – nach einem kurzen Klick auf den Auslöser der Kamera ist das Bild „im Kasten" und ein eigentlich bewegter Moment ist erstarrt. Doch nicht nur Fotos können bewegte Momente festhalten und „einfrieren", auch auf gemalten Bildern und sogar in solchen aus Stein gelingt das nahezu Unglaubliche. In Erstaunen versetzt uns das meist nicht mehr, weil wir es gewohnt sind. Da kommt dieses verwirrende Kunstwerk von Alicia Martin genau richtig, denn plötzlich schauen Augen und Gehirn wieder einmal genauer hin.

Was sehen die Augen, was sagt das Gehirn?
Die **Augen** melden Bücher, Fenster, Haus.
Das **Gehirn** kann sich diesen „Bücherschwall" erst einmal nicht erklären, etwas Vergleichbares kennt es nicht. Es stutzt, weil es Bücher sonst nur im Regal stehend kennt. In diesem Bild glaubt es, Bewegung zu erkennen, allein deshalb, weil es Bewegung erwartet.

Hier ist Bewegung im Bild: Wenige Striche erwecken den Eindruck, als würde der Junge rennen, der Topf fliegen und der Mann sich drehen.

Was für ein Anblick, hier werden Bücher zum Fenster hinausgeworfen. Obwohl sich nichts bewegt, glaubt man, Bewegung zu erkennen, denn wie sonst wäre dieser Bücherschwall sinnvoll zu erklären?

Hier
geht es richtig rund …

Wenn ein Künstler Bewegung nicht nur als „eingefrorenen" Moment zeigen,
sondern uns beim Anblick seiner Bilder ein schaurig-schönes Schwindelgefühl
einjagen will, dann muss er ganz genau wissen, wie er uns verwirren kann. Nicht
zufällig entstammt dieses Bild nicht etwa dem Pinsel eines Malers, sondern dem
Erfindungsreichtum eines Wissenschaftlers, der genau weiß, wie unsere Gehirne
funktionieren.

Was sehen die Augen, was sagt das Gehirn?
Die Augen sehen unendlich viele Farbkreise und -flecken.
Das Gehirn erkennt Bewegung, aber warum bloß?

Schau dir die Kreise einmal genauer an: Ständig wandert die weiße Sichel ein Stück weiter. Dadurch
entsteht der Eindruck von Unebenheit und von bewegtem Untergrund. Doch damit nicht genug, dazu
kommen die beiden großen Ringe in der Mitte des Bildes: Der äußere erweckt durch sein Muster den
Anschein, als würde er sich leicht im Uhrzeigersinn drehen, der kleinere bewegt sich entgegengesetzt.
Insgesamt ergibt sich dieses Bild: Auf bewegtem Untergrund drehen sich zwei Ringe in
entgegengesetzte Richtungen. Kein Wunder, dass einem bei diesem Anblick schwindelig wird!

Die helle sichelförmige Stelle deuten wir als von Licht beschienen, die schwarze entsprechend als Schatten. Aus Erfahrung wissen wir, dass Sonnenlicht immer von oben kommt.
Ohne darüber nachzudenken, erkennen wir in dieser Abbildung eine kreisförmige,
leicht hervorstehende Scheibe (Abb. 1).
Ändert sich die Richtung des „Lichteinfalls", also der weißen Sichelform (Abb. 2),
so schlussfolgert das Gehirn: Dies kann keine hochstehende Scheibe sein!
Erst wenn es die Grafik als kreisförmige Vertiefung deutet, wird
das Ganze logisch, jetzt befindet sich der Schatten oben, die
lichtbeschienene Seite unten (Abb. 3).

Abb. 1   *Abb. 2*   *Abb. 3*

Mehr als nur schön bunt: Wer ein Bild in solch schwindelnde Drehung versetzt, hat mehr als nur schöne bunte Farbflächen nebeneinander gesetzt. Er hat sich zuvor ganz genau überlegt, wie er mit bestimmten Farben an bestimmten Stellen Bewegung erzeugen kann. Bewegung, die gar nicht da ist und die wir trotzdem sehen, zu sehen glauben ...

Abtauchend **Auf**sehen erregend

Da rieb sich manch einer die Augen und glaubte selbigen nicht zu trauen: Für mehrere Tage lag eine Nackte mitten in Hamburg. Das Erstaunliche: Die Dame war eine Riesin – maß über vier Meter in der Höhe, mehr als 20 Meter in der Länge – und nutzte die Alster als gigantische Badewanne für ihr Schönheitsbad.

Was sehen die Augen, was sagt das Gehirn?

Die Augen melden Bilder einer Frau, die im Wasser liegt. Das Gehirn wundert sich über die unglaublichen Ausmaße der Dame, die es erkennt, sobald es die Riesin mit den daran vorbeischippernden Menschen vergleicht. Da die Dame weder lebt noch etwas im Schilde führt, kann es sich – wie alle anderen auch – ganz entspannt an dem gigantischen Spaß erfreuen. Irgendwann wird es sich allerdings fragen, woher das Kunstwerk kommt und was es hier eigentlich soll. Weil es solche Bilder noch nie gesehen hat, ist es verwirrt und wird sich deshalb oft daran erinnern. Schon bald wird es Sätze formulieren wie „Hast du schon die riesige Frau in der Alster gesehen ...?" und damit für ihre Bekanntheit sorgen.

Interessant!

Und genau das war die Absicht der Werbeagentur von Oliver Voss, der die Dame ins Wasser gelassen hatte: Er wollte zeigen, welch spektakuläre Wirkung und welche Macht verwirrende und ungewöhnliche Bilder an ungewöhnlichen Orten haben können, zumindest dann, wenn sie gut gemacht und gut platziert sind. Und tatsächlich: Innerhalb weniger Tage schrieb, sprach und meldete man auf der ganzen Welt über die Badende, in den USA, China, Brasilien, Korea und in vielen anderen Ländern. Das Kunstwerk brachte also den Beweis für seine Theorie: Die Meldung und das Bild der Badenden hatten sich von selbst über die ganze Welt verbreitet, allein durch Menschen, die davon erzählten und Bilder veröffentlichten!

Wer für seine Interessen oder sein Produkt Werbung machen will, der muss Bilder oder Worte dort positionieren, wo sie überraschend und erschreckend wirken. Willst du jemandem das Rauchen abgewöhnen, dann kleb auf seine Zigarettenpackung ein Bild einer kranken Lunge oder einen Zettel mit den Worten: „6 Minuten, die du lieber joggen solltest." Wetten, das wirkt!

Eine riesige Badenixe mitten in der Stadt, die manch einen Paddler wie einen Winzling erscheinen lässt. Verwirrende Bilder machen Spaß, sorgen für Aufsehen und Gesprächsstoff und bleiben allein deshalb in Erinnerung.

Konzentration!

„Was wir sehen, hängt von dem ab, was wir suchen", sagte einmal ein englischer Schriftsteller. Was er damit meinte, sei an einem ganz einfachen Beispiel erklärt: Wer mit voller Blase hinterm Steuer auf der Autobahn fährt, wünscht sich nichts sehnlicher als ein WC. Er wird in diesem Moment für nichts anderes Augen haben als für mögliche Hinweisschilder. Dass direkt vor ihm ein Reh über die Straße läuft, sieht er gar nicht. Ganz ungefährlich ist das Betrachten dieses Bildes. Und es illustriert das gerade Beschriebene: Auf zwei Dinge gleichzeitig können wir uns nicht konzentrieren, wir sehen entweder das eine – das Gesicht von vorn, oder das andere – sein Profil. **Was sehen die Augen, was sagt das Gehirn?** Die **Augen** springen hin und her, sie sehen ein Gesicht von vorn, eines von der Seite, von vorn, von der Seite ... Das **Gehirn** kann sich immer nur auf eine der beiden Gesichtsvarianten konzentrieren, wenn es das Gesicht von vorne sieht, kann es nicht zur selben Zeit die Seitenansicht in den Fokus nehmen.

Entscheide dich! Was siehst du?
Abb. 1: zwei Gesichter oder eine Vase?
Abb. 2: eine Ente oder einen Hasen?
Abb. 3: eine alte Frau oder eine junge Frau?
Abb. 4: einen Elefanten mit wie vielen Beinen?

Abb. 1

Abb. 2

Abb. 3

Abb. 4

SUOL MATES
FRITZ KALKBRENNER

Entweder Mann von vorn oder Mann im Profil: Auf zwei verschiedene Bilder, die ihm die Augen melden, kann sich kein Gehirn gleichzeitig konzentrieren, es sieht entweder das eine oder das andere. (Das macht in diesem Fall gar nichts, denn als Covermotiv für eine CD haben hier letztendlich
die Ohren das Sagen.)

Ein Wort zum Schluss

Und? Hast du genug gesehen? Eigentlich ist das Buch über Augenverwirrungen hier zu Ende, hier ist die letzte Seite, darüber lassen sich weder Augen noch Gehirn hinwegtäuschen.

Vielleicht hat dir dieses Buch eines bewusst gemacht – falls du es nicht schon vorher wusstest oder ahntest:

Wohin du auch siehst, wohin auch immer du deine Aufmerksamkeit richtest, du kannst stets und überall auf Verwirrendes und Überraschendes stoßen.

Wenn du das nicht vergisst, wenn du dafür bereit bist und bleibst, wenn dein Gehirn deine Augen daran immer wieder erinnert und wenn es deinen Augen nicht etwas schläfrig die Aufforderung erteilt „Lasst mich in Ruhe!", wenn du also mit allen Sinnen für Verwirrendes bereit bist, dann, ja dann ...

Dann ist der Spaß mit Augenverwirrungen hier nicht zu Ende, sondern fängt genau hier eigentlich erst an.

Informationen zu den **Bildern**

© Prestel Verlag, München · London · New York, 2013. 2. Auflage 2014
© für die abgebildeten Werke siehe Seite 63
© für die Vorlage der Zeichnung auf Seite 24: Peter Dahmen

Die Deutsche Nationalbibliothek verzeichnet diese Publikation in der
Deutschen Nationalbibliografie; detaillierte bibliografische Daten sind im
Internet über http://dnb.d-nb.de abrufbar.

Prestel Verlag, München
in der Verlagsgruppe Random House GmbH

www.prestel.de

Projektmanagement und Bildredaktion: Sabine Tauber
Lektorat: Johannes Graf von Preysing
Gestaltung, Satz, Illustrationen und Zeichnungen: Julia Kaergel
Herstellung: Astrid Wedemeyer
Lithografie: Reproline Mediateam, München
Druck und Bindung: Druckerei Uhl, Radolfzell

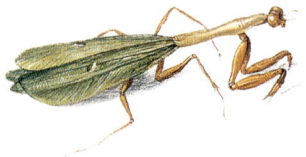

FSC
www.fsc.org
MIX
Papier aus ver-
antwortungsvollen
Quellen
FSC® C004229

Verlagsgruppe Random House FSC®-N001967
Das für dieses Buch verwendete FSC®-zertifizierte
Papier Profibulk liefert Igepa.

Gedruckt in Deutschland

ISBN: 978-3-7913-7138-2